AF385155

DE LA

DOTATION

DES PRINCES.

PAR M. L. BACHELIER.

PRIX : 75 CENTIMES.

Paris,

LERICHE, LIBRAIRE-ÉDITEUR COMMISSIONNAIRE,

PLACE DE LA BOURSE, 13.

1845.

DE LA

DOTATION

DES PRINCES.

------◆◈◆------

La Note sur la Dotation des Princes, insérée dans *Le Moniteur* du 30 juin dernier, a fait naître les attaques les plus violentes, et n'a trouvé que des partisans silencieux ou timides. Elle n'exprimait cependant que le désir le plus légitime : appeler la publicité, provoquer l'examen, l'étude, l'attention générale du pays, c'est du moins prouver sa franchise et se

1844

montrer confiant dans son droit. Ce sentiment méritait plus de respect et de modération. La Couronne voit marcher ses ennemis : elle apprécie justement le danger. La question de la Dotation ne peut rester, en effet, dans l'opinion publique, telle que l'ont posée l'erreur et l'emportement des partis. On a dit, avec raison, que c'était une question de principe ; aujourd'hui, c'est plus encore. — Tous les amis de la Monarchie doivent le bien comprendre. — Ici, pour une partie des combattants, le droit n'est rien. — Ce qu'ils y voient seulement, c'est une batterie qu'il faut diriger haut et bien. — Je dis là ce que chacun pense. — Quelque évident et juste que soit le droit de la Couronne, peut-être, en d'autres circonstances, eût-il été permis d'y renoncer ; selon nous, c'est maintenant impossible. Les faits mensongers, les insinuations perfides produisent chaque jour de funestes résultats ; le silence n'arrête pas le mal, il l'autorise, le fortifie et le répand.

—Il est désormais de nécessité pressante que cette question subisse, au sein des Chambres, un examen franc, sérieux et complet. L'estime, la confiance, les sympathies nationales qui doivent environner le trône sont engagées dans cette discussion. Il serait à désirer que chaque Français pût se rendre compte de son opinion et la proclamer avec franchise. C'est ce que je vais essayer de faire dans cet écrit.

Je cherche à comprendre les lois de mon pays, en citoyen sincère et libre. Rien, dans mes intérêts ni dans mes goûts, ne me porte à l'amour des privilèges. Mon penchant le plus vif est pour cette classe nombreuse, active et puissante qui peuple nos ateliers ou féconde le sol de la patrie, sans autre fortune que son courage, sans autre ambition que le travail. Je sens avec enthousiasme ce qu'elle vaut, ce qu'elle mérite. Je comprends tout ce que son bonheur exige de dévouement, de soins paternels, de généreuses économies.

Mais ce sentiment que le peuple m'inspire est la cause première d'une conviction profonde, d'une foi vive, que le temps grandit et que chaque page de notre histoire justifie :

Je crois qu'une Monarchie réelle et forte peut seule donner à la France la prospérité, l'ordre, la grandeur, la sécurité du présent et de l'avenir ;

Que cette Monarchie doit être digne de sa haute mission, noble fille de la liberté, marchant à la tête de la nation dans le sentiment immuable de ses devoirs; mais toujours encouragée par l'amour et la justice de son peuple ; religieusement respectée dans ses attributions, ses droits, ses prérogatives, ses moyens légitimes d'action ; car sans cela, pas de Monarchie possible , pas de pouvoir ayant réalité , force et durée ;

Je crois que l'un des droits les plus intimes et les plus nécessaires du trône , c'est la Dotation des Princes par l'État;

Qu'il repose sur un principe essentiel à l'intérêt général du pays ;

—Et qu'enfin, la Couronne est complétement dans les conditions de la loi pour en demander aujourd'hui l'application.

Avant d'arriver à la discussion, et pour la rendre positive et claire , il me paraît utile d'arrêter l'attention du lecteur sur quelques circonstances qui ont précédé et suivi la loi du 2 mars 1832, objet principal de cet examen.

§ I.

L'opinion que je viens d'exposer était, en 1830 , celle de l'immense majorité des Français.

La vieille opposition triomphante ne demandait pas autre chose.

« *On ne songeait alors*, (dit **M**. Thiers), » *ni à une République , ni à une Monar-* » *chie républicaine , ni à tout ce qu'on a* » *inventé depuis.* »

Un Gouvernement Constitutionnel , sans détours et sans arrière-pensée, quelques compléments de garantie pour la liberté , un petit nombre de lois d'intérêt général éludées ou refusées par la Restauration ; là se bornaient tous les vœux.

Le bruit des armes retentissait encore, que le Gouvernement provisoire publiait ce programme sincère , simple et modéré dans sa proclamation du 31 *juillet,* et le peuple accueillait avec enthousiasme ce noble résultat de sa victoire.

Dans ce moment, pas une voix ne s'élevait en France pour modifier la Monarchie , contester ses principes essen-

tiels, réduire ses attributions, ses droits
et ses prérogatives.

Ce fut dans cet esprit que la Charte fut
révisée, et que M. Laffitte vint, le 15 décembre 1830, présenter à la Chambre des
Députés, le projet de loi sur la liste civile.

Il n'est pas sans intérêt de rappeler ici
les expressions remarquables qu'em-
ployait cet homme d'État, pour justifier
ce que la France avait fait et ce qu'elle
devait faire encore. Il importe d'étudier,
à cette époque d'épanchement et de franchise, ces citoyens aimés du peuple, per-
sonnifications fidèles du mouvement
qui venait de s'accomplir.

« Dans l'histoire des peuples, un fait
» frappe l'imagination : c'est le combat
» violent, acharné, que se livrent les
» partis, dans les républiques, pour s'em-
» parer du pouvoir et le donner à leurs
» chefs. L'esprit rempli de ces exem-
» ples violents, les peuples modernes

» ont voulu se donner spontanément,
» irrévocablement, des chefs choisis,
» avoués par eux. C'est ainsi qu'ils ont
» espéré résoudre eux-mêmes, et par leur
» propre délibération, ces questions dont
» l'épée sanglante des partis a seule jus-
» qu'ici décidé dans le monde. C'est là la
» pensée unique et profonde de la royauté;
» c'est cette pensée qui, nous saisissant,
» il y a quatre mois, dans un moment
» où tout vous était possible, vous faisait
» élever sur le pavois le Roi citoyen.
» C'est cette pensée qui a saisi un peuple
» voisin, et lui a fait voter la Monarchie
» à la presque unanimité. C'est dans cette
» pensée que les peuples modernes,
» imaginant la fiction d'un être supérieur,
» qui ne finit pas, qui ne faillit pas,
» l'ont élevé ainsi au-dessus des orages
» des partis et ont placé au-dessous des
» êtres qui changent, qui s'élèvent et
» tombent, qui faillissent et sont punis,

» et qui donnent, au-dessous de l'immua-
» bilité de la Royauté, la représentation
» de toutes les vicissitudes humaines.

» C'est avec cette pensée qu'ont été fon-
» dées les prérogatives politiques de la
» Couronne, *c'est avec elle que doivent*
» *être fondés son état et sa représentation*
» *extérieure.* »

Tel était l'esprit de la loi proposée.

On ne niait pas alors l'évidence des principes. En ce moment de vérité, proclamer la Monarchie, c'était lui voter une position large, convenable et digne de la grandeur de la France.

L'art. 23 attribuait à la Couronne une liste civile de 18 millions.

L'art. 16 laissait au Roi la propriété de son domaine privé.

L'art. 27 portait que la Dotation des *fils puînés du Roi et des princesses ses filles, serait réglée ultérieurement par des lois, à mesure que les Princes et les*

Princesses atteindraient l'âge auquel il devrait être pourvu à leur établissement.

« Nous la leur donnerons, (disait » M. Laffitte), en propriétés qui rappor- » tent peu dans nos mains, mais qui » rapporteront beaucoup dans des mains » particulières, c'est-à-dire en forêts. »

« Notre but, (ajoutait-il en finissant), » a été de conserver à la Royauté *un état* » *convenable, digne d'elle, et de la* » *France.* Vous la connaissez tous, cette » Royauté nouvelle, car vous avez pu » l'approcher et la juger de bien près. » Elle sera, comme il convient à notre » pays et à notre temps, simple, élé- » gante et noble. L'esprit de famille en » chassera les mœurs de Cour, *mais il faut* » *que le goût, la grandeur de la France* » *puissent s'y maintenir et s'y perpétuer.* » Il le faut pour la France, il le faut pour » l'Europe..... Il nous sied de prouver » qu'une Cour libre et nouvelle peut pré-

» SENTER AUTANT D'ÉCLAT ET DE CONVENANCE
» QU'UNE COUR ANCIENNE ET ABSOLUE. »

Ces paroles de M. Laffitte n'étaient que l'écho de l'opinion générale ; on ne saurait trop le répéter.

Tous ceux qui parcouraient la France à cette époque en ont gardé le souvenir.

Encore une fois, la Révolution de Juillet n'avait été qu'un acte de conservation, qu'une défense du peuple contre l'insurrection du Pouvoir. On ne demandait partout que la Royauté définie par la Charte de 1814, protégeant avec sécurité les droits acquis de la Nation, environnée de la splendeur nécessaire au génie et aux goûts intimes du pays.

Telle fut la seule et véritable voix de la Révolution de Juillet. Ceux qui disent aujourd'hui le contraire, prêtent à cette grande époque des vœux qu'elle n'exprima jamais.

Le projet dont nous venons d'indiquer

les bases, fut diversement apprécié ;
mais (chose bien remarquable pour la
question qui nous occupe,) *l'art. 27 ,
relatif à la Dotation des Princes puînés,
ne fut l'objet d'aucune opposition ; la
presse même la plus hostile ne traça
pas une ligne pour en blâmer les termes
ou en contester le principe.*

On sait que d'autres travaux législatifs
suspendirent alors la discussion de cette
loi, qui ne fut représentée à la Chambre
des Députés que le 3 octobre 1831 , par
une nouvelle administration.

Deux différences essentielles se faisaient remarquer entre l'œuvre du Ministère Casimir Périer et celle de son pré-
décesseur.

Le nouveau projet laissait en blanc le
chiffre de la liste civile.

De plus, il ne reproduisait pas l'ancien
art. 27 , concernant les Dotations.

Certes, Casimir Périer ne peut être

soupçonné d'avoir voulu transiger sur les droits fondamentaux de la Couronne; la fermeté de son caractère repousse toute opinion de ce genre.

C'était un de ces hommes aux principes droits, rigoureux, inflexibles; un de ces lutteurs résolus, infatigables, que la mort devrait épargner dans l'intérêt des Nations.

Sa pensée était évidente sur les deux points que nous venons de signaler :

A l'égard du chiffre de la liste civile, il pensait faire un acte convenable et digne en laissant aux représentants de la Nation l'initiative la plus complète sur une mesure personnelle au souverain.

Quant à l'art. 27, il le considérait, sans doute, comme énonçant un principe de droit rigoureux qui n'avait pas besoin d'être écrit.

La Commission fut composée d'hommes droits et purs, mais elle agissait au

milieu d'une opinion déjà tourmentée
par les passions les plus violentes ; son
travail se ressentit de cette timidité , que
les clameurs des partis impriment toujours, même aux esprits les plus coura-
geux.

Elle ne put parvenir à s'entendre sur
le chiffre de la liste civile , et vint présenter son rapport dans cette position de
partage , une moitié proposant 14 millions et l'autre 12 millions 500 mille
francs.

« Ceux qui veulent le chiffre le plus
» faible, disait M. Schonen, rapporteur,
» se sont appuyés sur ce que le Roi, ajou-
» tant à sa dotation , son ancien apanage
» *et l'usufruit de ses anciens biens per-*
» *sonnels , augmente le chiffre de la liste*
» *civile d'un revenu annuel de 4 millions,*
» *ce qui est tout-à-fait suffisant pour les*
» *dépenses qu'exige la royauté.* »
Mais si la Commission se trouva divi-

sée sur ce point, elle fut unanime pour proclamer le principe de la Dotation des fils puînés du Roi, et remplir spontanément la lacune qui semblait exister à cet égard dans le projet du Ministère.

« Nous n'avons pas vu, disait encore le » rapporteur, pourquoi l'art. 27 de l'an » cien projet relatif à l'établissement des » Princes et Princesses non héritiers du » trône, n'était plus reproduit dans le » nouveau. LE PRINCIPE QU'IL ÉTABLIT EST » INCONTESTABLE; nous l'avons replacé » dans notre projet, il en forme l'art. » 20. »

La discussion fut très-vive dans la Chambre des Députés.

La propriété du domaine privé devint l'objet des attaques les plus vives. On persistait à vouloir confondre les principes propres à la nouvelle royauté avec ceux des anciennes dynasties.

Chose étrange! les plus grands ennemis, ou pour parler plus justement, les adversaires les plus bruyants de tout ce qui rappelait le pouvoir absolu, étaient ceux qui s'obstinaient à conserver une de ses règles.

M. Dupin, cherchant à préciser la question, leur répondait :

« Permis à vous, en votant la liste ci-
» vile, de faire votre calcul, d'avoir égard
» à ce que le Roi possède ou ne possède
» pas, si vous voulez. Ceux qui sont in-
» fluencés par cette considération peu-·
» vent dire : *Je donne trois millions de
» moins parce que le Roi possède trois
» millions de revenu et que je ne veux
» donner que trois millions à un Roi qui
» possède tant*,... mais réciproquement,
» le Roi conserve la liberté de défendre
» la possession de son domaine privé. »

L'ensemble de ces considérations frappa la Chambre, et détermina sa décision ; si d'un côté elle reconnut au Roi la propriété du domaine privé , de l'autre, elle réduisit encore le chiffre le moins élevé de la Commission. En vain , M. Laffitte vint noblement déclarer que c'était avec une profonde conviction, qu'au mois de décembre 1830 , il avait considéré la somme de 18 millions comme nécessaire aux besoins du trône , et que dans la même position , il la proposerait encore, la Chambre persista à n'accorder que 12 millions , dominée par ce motif, que le pays devait calculer ses sacrifices en raison de la fortune du Roi *et que les ressources du domaine privé devaient être considérées comme complément de la liste civile.*

Telles furent sur ce point la volonté précise du législateur et l'esprit de sa conduite ; il ne faut pas l'oublier.

Quant au principe de la Dotation des fils puînés du Roi, *la Chambre s'appropria complétement le travail de ses com-*

2

missaires , et , par un vote unanime ,
consacra leur opinion qui devint l'art.
21 de la loi.

Seulement, sur une observation de
M. Salverte, la Commission proposa,
comme amendement, ces mots: *en cas*
d'insuffisance du domaine privé, et le
Gouvernement s'empressa d'y adhérer,
car selon lui, ces expressions ne rappe-
laient qu'un principe de plein droit, non
moins vivant et obligatoire dans le silence
de la rédaction primitive.

Tout le monde alors était d'accord
sur le sens et la portée de cet amendement; les lois paraissent toujours claires
et le sont presque toujours à leur origine;
le législateur ne s'amuse pas à com-
poser des énigmes pour exercer l'esprit
de ses successeurs; sa pensée ne devient
obscure, les interprétations fausses , ca-
pricieuses et bizarres n'arrivent que lorsque les passions en ont besoin.

Nous devons reproduire ici plus forte-
ment encore une observation déjà faite,
et qu'il importe de retenir : à cette époque
où l'opposition avait reformé ses rangs
et se montrait plus violente que jamais, le
principe de la Dotation des Princes parut
tellement incontestable, qu'à la tribune
ou dans la Presse, pas un adversaire ne
se présenta pour le combattre.

Soumis à la Chambre des Pairs, le
projet y fut examiné de nouveau dans
toutes ses parties, avec calme, sagesse et
profondeur. Cette grave assemblée exprima quelques regrets, mais ne voulut
rien remettre en question , et s'empressa
de fixer définitivement par son vote, les
dispositions de la loi.

Jetons maintenant un coup d'œil rapide sur l'exécution qui lui fut donnée. .

Le Roi, doté d'une liste civile, réduite
au tiers de celles votées depuis 1814,
accepta noblement la décision des Cham-

bres. Confiant dans les promesses nationales, il ne songea qu'à répondre à tout ce
que la France pouvait attendre de son
patriotisme et de sa haute intelligence.

Dès ce moment, le peuple français put
voir un spectacle inconnu jusqu'à nous ;
la liste civile, fleuve autrefois mysté-
rieux, vint montrer aux yeux de tous,
son cours égal, bienfaisant et régulier.

Malgré les ressources immenses dont
disposaient les Princes de la branche aînée, les palais de la Couronne étaient
dans un état déplorable de dégradation
et même de ruine. La Nation, l'Europe
entière, s'affligeaient à la vue de ces magnifiques monuments.

Peu d'années suffirent au Roi pour leur
faire subir une restauration complète,
dirigée par le goût le plus éclairé.

L'avenir de Versailles désespérait tous
les admirateurs de cette superbe rési-
dence, le Roi conçut lui-même la pensée

de cette vaste collection qui *réunit toutes les gloires de la France, et fera de ce palais, un monument unique dans le monde.*

Les galeries, les jardins, les manufactures royales furent embellis, complétés, soumis à une administration régulière et féconde.

Pendant que ces grands travaux s'accomplissaient, les malheureux ne tournaient jamais leurs regards vers le trône, sans y trouver de nombreuses mains, toujours prêtes à les secourir. En toute occasion, la France était dignement représentée, et, selon l'expression de M. Laffitte, les étrangers voyaient avec admiration la Cour d'un peuple libre, offrir le tableau de toutes les vertus modestes et privées, au sein d'une magnificence royale conforme à la fortune et au génie de la Nation.

Mais ce ne fut là que la moindre partie

des sublimes devoirs que le Roi s'empressa de remplir :

Cinq fils environnaient son trône ; Il les éleva pour en faire des princes dignes de leur époque , et de la tâche difficile que peut leur préparer l'avenir, des hommes profondément instruits , sérieusement capables de payer de leur personne, de rendre à leur pays de véritables services , de marcher enfin, à la tête d'une nation puissante et libre.

Tout ce que nous venons d'exposer se passait aux yeux de la France, avec une sagesse d'administration , un ordre, une constance d'économie, dont jamais Trésor Royal n'avait offert l'exemple ; et cependant, dès les premières années , l'intendance de la liste civile et du domaine privé s'était vu dans la nécessité de faire des emprunts considérables, des négociations anticipées et même des ventes pour suffire aux dépenses de la Couronne.

Situation fâcheuse, et qui devait né-
cessairement grandir encore, à mesure
que l'âge des Princes augmentait les né-
cessités de leur position et leur donnait
une part plus active aux devoirs du trône
et aux expéditions du pays.

Au commencement de 1837, la liste
civile et le domaine privé, avaient un déficit de plus de 8 millions. A cette époque, plusieurs enfants du Roi se trouvaient dans cette situation, où, selon les
expressions de la loi, il doit être pourvu
à leur établissement ; l'aînée des princesses partageait, depuis plusieurs années, le trône d'un monarque voisin, et
cette alliance, en terminant de grandes
difficultés européennes, avait complété
notre système défensif. M. le duc de Nemours, devenu majeur, s'était noblement distingué à la tête de nos armées.
Le Prince royal se faisait connaître à la
France entière et donnait les plus bril-
lantes espérances.

Ce fut dans cette situation, que le Roi, heureux et fier de pouvoir présenter à la Nation des enfants dignes de son amour, vint avec franchise, demander en leur faveur, l'exécution de la loi du 2 mars 1832.

Le 26 janvier 1837, un double projet présenté à la Chambre des Députés, par M. le comte Molé, proposait une Dotation en immeubles pour M. le duc de Nemours et une dot pour sa Majesté la Reine des Belges.

Le Ministère avait cru devoir proposer la Dotation en immeubles pour se conformer aux vœux exprimés en 1830, par les hommes marchant à la tête des idées libérales.

Dans un exposé de la plus grande élévation, M. le Président du Conseil rappelait les motifs et l'esprit de la loi :

« L'hérédité de la Couronne, disait-il, » en créant pour les princes du sang royal

» des droits et des devoirs à part, en-
» traîne aussi pour eux la nécessité d'un
» établissement permanent comme leur
» rang et leurs hommes. »

Nous l'avons vu, le principe servant de
base à ce projet, était né en 1831, d'un
vote unanime et spontané. Mais les temps
étaient bien changés, les passions avaient
beaucoup marché depuis cette époque;
cette juste demande fit naître les plus
terribles tempêtes. Les violences politiques dépassèrent toutes les bornes. Des
écrivains d'un grand talent oublièrent
les règles d'une loyale controverse et
couvrirent la calomnie de tous les pres-
tiges de l'esprit, de tous les charmes
du style pour égarer l'opinion publique.

Ce qui doit surtout étonner, c'est qu'à
cette époque, où se trouvaient fidèle-
ment accomplies pour tous les hommes
de bonne foi les promesses réelles de
1830, à mesure enfin que le Gouverne-

ment méritait mieux de la France, l'opposition, par un entraînement inconcevable, se montrait plus injuste, plus vive, plus menaçante. Serait-il donc vrai que cette lutte qui grandit toujours, que cette guerre incessante et capricieuse fut une conséquence forcée du jeu de nos institutions ? Faudrait-il désespérer de cette organisation sociale qui semblait la création la plus sublime des temps modernes ?

Oh ! non, sans doute... éloignons ces décourageantes pensées...

A mesure que l'éducation constitutionnelle se forme, le peuple apprend à juger les hommes et les choses, à lire ses lois, à les comprendre lui-même, à distinguer les vérités politiques sérieuses au milieu de tous ces mouvements stratégiques de système, d'opposition, et trop souvent de rivalité pour la possession du pouvoir.

Cependant, la majorité de la Chambre

se montrait juste et bien intentionnée.

Quelques écrits vrais et solides avaient victorieusement répondu aux déclamations mensongères.

Le succès était certain.

Lorsque le 18 avril 1837, M. le comte Molé, vint annoncer à la Chambre, le mariage de M. le Duc d'Orléans, présenter un projet de supplément de dotation pour ce prince, et déclarer en même temps « que Sa Majesté ne voulant pas que les » Chambres eussent à pourvoir en même » temps aux dotations de trois de ses en- » fants, avait décidé que la demande con- » cernant le prince, son second fils, *se-* » *rait ajournée.* »

L'extrême opposition poussa des cris de triomphe ; chaque fois qu'elle croit ébranler le trône, elle déclare avoir sauvé la patrie. Certainement elle peut faire beaucoup de mal, elle en fait ; mais ici du moins, elle se trompait, ou vou-

lait tromper la Nation. Le plus souvent,
elle n'est vraie ni dans ses joies ni dans
ses douleurs. Le retrait de la loi de dotation n'était pas son ouvrage ; cette
mesure fondée sur les ménagements les
plus élevés laissait toute entière dans la
discussion la question prise de l'art. 21.

La Couronne ajournait une de ses demandes, mais sans fuir la lutte, et sans
vouloir éviter l'examen rigoureux de son
droit.

On ne pouvait statuer en effet sur la
dot de Sa Majesté la Reine des Belges,
sans résoudre complétement la question
de l'insuffisance du domaine privé.

Après comme avant l'ajournement
qui venait d'avoir lieu , c'était là le point
sur lequel il fallait vaincre, et l'opposition le comprenait tellement qu'elle y
porta toutes ses forces. Ses hommes les
plus influents et les plus habiles se suc-
cédèrent à la tribune. M. de Cornenin y

vint lui-même appuyer les assertions répandues dans ses pamphlets.

Cette orageuse discussion eut un sin-
gulier caractère.

Les adversaires du projet n'étaient
d'accord que sur le plan bien arrêté d'at-
taquer avec violence, mais leur contra-
diction sur tout le reste était vraiment
curieuse.

Il fallait qu'ils crussent leur public
de bien facile composition sur cette ma-
tière, car jamais question ne fut moins
étudiée, jamais orateurs ne se présentè-
rent plus lestement à la tribune.

Chacun apportait ses faits, son système, ses chiffres.

Ils affirmaient leurs déclarations sur
le ton de la conviction la plus vive, ce
qui ne les empêchait pas de varier entre
eux *depuis 30 jusqu'à 140 millions sur
l'importance de ce domaine privé qu'ils
prétendaient tous faire connaître.*

Mais leur argument le plus infatigable était de soutenir que le Gouvernement leur devait communication de toute la comptabilité du domaine privé et même de la liste civile; ce qui revenait tout simplement à vouloir que l'application de la loi fut remise à leur entière discrétion, c'est-à-dire impossible à jamais.

Car en supposant que cette communication fut matériellement exécutable, que pouvait-il en résulter avec des juges systématiquement décidés à ne rien reconnaître? — On leur eut montré des livres... mais n'étaient-ils pas faits ou dirigés par ces mêmes fonctionnaires dont ils repoussaient les affirmations?.... Des titres..... n'eussent-ils pas été simulés !... les témoins... vendus?... les reçus... donnés par complaisance ?... En sorte qu'après avoir travaillé pendant plusieurs mois.. satisfait toutes leurs demandes... réuni ces innombrables documents...

produit une enquête sur chaque article,
ils seraient venus de nouveau crier au
peuple que toutes ces justifications n'é-
taient que des jongleries, qu'on voulait
tromper la Nation et que leurs chiffres
seuls contenaient la vérité.

A toutes ces exigeances sans raisons
sérieuses, sans motifs avouables, à tout
ce désordre de discussion, le Ministère
répondait avec calme, ensemble et dignité.

M. le comte de Montalivet, fit connaître dans tous ses détails la situation
du trésor de la Couronne, et soutint le
projet avec la franche énergie de son caractère ; opposant à son tour l'autorité
de sa parole à tous les faits, si légèrement
présentés dans ces débats, fort d'une
haute probité qu'aucun parti ne conteste,
il faisait taire les murmures par ces expressions simples, mais puissantes.

« *J'affirme, Messieurs, la sincérité*

» *de ces chiffres, et je pense que la parole*
» *d'un Ministre du Roi peut bien se com-*
» *poser de la confiance qu'inspire son ca-*
» *ractère et de la confiance qu'inspire*
» *aussi sa responsabilité.* »

De son côté, la Commission vint déclarer, par l'organe de son rapporteur, que toutes communications nécessaires lui avaient été faites sur sa demande; *que l'insuffisance du domaine privé lui avait été démontrée,* et qu'elle votait à l'unanimité pour le projet.

A la Chambre des Pairs, la discussion fut rapide et modérée.

Là, le sentiment monarchique est unanime. Le parti de l'opposition n'a pas son principe dans les choses. Le système inconvenant de communications fut abandonné par les opposants les plus déterminés.

M. de Fréville, rapporteur, fit à ce sujet deux citations bien remarquables.

« Une loi du 2 mai 1829 , dit-il , por-
» tait, que les fils des pairs investis d'une
» pension , la recevraient à leur tour , si
» leur revenu n'atteignait pas la somme
» de 3000 francs. »

« *Pour qu'ils fussent admis à recueillir*
» *cet avantage, la loi n'exigeait que leur*
» *déclaration.* »

« En réglant le budget de 1828, la loi
» du 5 janvier 1831 , ordonna la révision
» des pensions accordées en vertu de
» celle du 11 septembre 1807, qui énon-
» çait parmi les causes de concession *l'in-*
» *suffisance du revenu de celui* qui l'obte-
» nait.

« *La révision dont je viens de parler*
» *a-t elle exigé autre chose* QUE L'AFFIR-
» MATION *même des intéressés? non Mes-*
» *sieurs... parce que les convenances ne*
» *permettraient pas d'aller plus loin. Si*
» *elles protégeaient ainsi de simples ci-*
» *toyens, quel empire ne doivent-elles pas*

» *exercer quand il s'agit du Roi, objet*
» *de tous nos respects.* »

La loi fut votée dans les deux Chambres à une forte majorité.

Ainsi se trouva résolue après une discussion vive, sérieuse et complète, la question de l'insuffisance du domaine privé, posée par l'art. 21 de la loi du 2 mars 1832.

Ce vote ne laissait aucune incertitude sur la demande relative à M. le duc de Nemours ; son succès était infaillible à la cession suivante. La Couronne aima mieux cependant faire de nouveaux sacrifices et laisser au temps le soin d'éclairer mieux encore la justice et la reconnaissance nationales. Ce ne fut qu'au commencement de 1840, alors que le mariage de M. le duc de Nemours, rendait indispensable pour ce prince un état proportionné à sa position nouvelle, que le roi chargea ses Ministres de représenter aux Chambres le projet ajourné en 1837.

Le Ministère du 12 mai dirigeait alors les affaires. Cette administration, composée d'hommes éminemment capables, avait eu le mérite de terminer une longue crise ministérielle, mais le tort de se former sans un de ces noms que l'opinion publique est habitude à considérer comme drapeaux.

Son apparition subite, inattendue, avait contrarié les combinaisons principales de son propre parti; il fut en conséquence arrêté dans certaine région politique que ce Ministère était non viable; qu'il ne serait sérieusement ni attaqué ni soutenu; qu'il fallait le conduire au dégoût du pouvoir par le sentiment de son impuissance, et que, dans le cas d'une résistance inattendue, il serait silencieusement *étranglé* à la première occasion.

Cette administration cependant se posa très-bien dans l'exercice du pouvoir et prit son existence au sérieux beaucoup plus que ne l'avaient pensé ses adversaires ; l'exécution de la sentence prononcée contre elle fut donc chose décidée.

Le projet de dotation parut une occasion favorable. Des hommes sérieusement monarchiques auraient dû mieux choisir ; faire d'un vote une question ministérielle est quelquefois un droit, peut être même un devoir ; mais, pour atteindre les Ministres, faciliter le triomphe de ceux qui ne veulent que frapper ouvertement le trône, c'est plus qu'une faute...

La Nation comprend beaucoup mieux qu'on ne pense la moralité de ces actes politiques ; ils laissent dans l'esprit public des impressions qui ne s'effacent jamais.

L'affaire fut conduite avec une discrétion et une adresse parlementaire dont on trouverait peu d'exemples. Au jour venu, un mot d'ordre partit du petit comité maître du secret et circula rapidement sur les bancs de la Chambre ; aussitôt tous les adversaires du projet renoncèrent successivement à la parole; ses défenseurs, trop confiants dans leurs calculs, s'empressèrent d'imiter cette conduite, et, au grand étonnement des neuf dixièmes de l'assemblée, le projet fut rejetté par douze voix de majorité.

Personne en France ne se trompa sur la portée et la signification de ce vote. Ce n'était là qu'un succès d'escrime, qu'une botte habile et secrète qui avait tué le ministère ; tout le monde le comprit très-bien. Quant à la question de dotation et à l'interprétation de l'art. 21 , pas un mot n'en avait été prononcé. Rien n'avait donc détruit ses avantages antérieurs. Elle resta dans l'état d'examen et de solution où l'avait laissée la discussion du 27 avril 1837.

J'arrive à la fin de cet exposé qui ne paraîtra pas inutile à ceux qui veulent bien apprécier le langage des partis.

La question qui nous occupe n'a pas été représentée depuis cette époque

Cependant, la perte immense dont la France gémit encore a rendu cette promesse nationale plus obligatoire pour le pays et plus forte, si c'est possible, en faveur de M. le duc de Nemours. La loi du 31 août 1842, donne à ce prince une position exceptionnelle qui lui confère évidemment de nouveaux droits ; c'est ce qu'on a fort bien démontré ; nous y reviendrons dans le cours de cet écrit.

Au commencement de la cession dernière, le Ministère paraissait déterminé à représenter la question, mais il fut arrêté par quelques démonstrations faites dans les bureaux, et, il faut le dire, par l'attitude irrésolue de la majorité.

Ces oscillations de la Chambre sont, selon nous, un tort immense envers le pays et le trône. Si les représentants de la Nation doivent religieusement écouter le sentiment public, ne doivent-ils pas aussi repousser avec énergie ce qui n'en est que l a fausse apparence ? — Or , il suffit de réfléchir avec calme pour rester convaincu, que tout ce bruit méthodique et combiné , que ces manifestations arrivant à propos du fond des provinces, ne sont rien autre chose que le jeu de deux partis faibles et violents qui se multiplient par leur activité, espérant usurper ainsi le nom et la force de l'opinion publique.

Le Gouvernement ne se trompe pas sur la situation ; on a beau calomnier le pays , il le sait dévoué , reconnaissant et juste. Il voudrait faire jaillir la véritable opinion publique, bien persuadé qu'elle n'a qu'à paraître pour éclairer la conscience des hommes droits mais faibles, que les déclamations intimident.

Ce fut dans cette intention sans doute, que l'article inséré dans le Moniteur du

30 juin, vint appeler de nouveau l'attention de la France sur la question de dotation , en poser les principes généraux et
présenter un tableau précis du domaine
privé.

Nous l'avons déjà dit, cette Note ,
on ne peut plus digne et modérée, fit
naître à la tribune et dans la presse un
excès d'emportement qu'il ne nous est
pas possible de comprendre ; tous les
intérêts en France, ont le droit de récla-
mer les avantages de la publicité ; pourquoi donc le Gouvernement seul serait-il
privé de ce bienfait ? De quel droit, de
quelle justice refuserait-on au premier
pouvoir de l'État , ce que personne ne
conteste au dernier rang des citoyens ?
Soumettre une importante question à
l'étude et aux méditations du pays, ce
n'est pas le braver, c'est au contraire le
respecter et lui rendre hommage. Ce
n'est pas se placer hors des principes

constitutionnels , c'est les concevoir et les appliquer dans leur esprit le plus vrai, le plus sublime. Ce n'est pas appeler de la Chambre au pays, c'est reconnaître au contraire, que l'opinion du législateur ne peut que réfléchir celle de la Nation, et que le seul moyen d'arriver à l'assentiment des Chambres, c'est de convaincre la France entière.

Le Ministère accepta franchement la responsabilité de cet article et répondit avec force et justesse à de violentes interpellations.

Les amis de la Monarchie purent reconnaître mieux que jamais combien ils avaient besoin de l'invironner et de la défendre. Il n'y eut de regrettable en cette circonstance que l'hésitation de quelques hommes d'une grande valeur dans un moment où les premiers défenseurs de la Couronne n'eussent dû montrer que l'union la plus intime et la résolution la plus inébranlable.

Telle est l'histoire exacte de la question depuis 1830.

—

En rapprochant ces faits de toutes les discussions hostiles répandues par la presse ou produites à la tribune, on est frappé de quelques réflexions qui se présentent naturellement à l'esprit :

1° La loi de 1832, *rétablit expressément le principe de dotation par l'État* qui n'était pas écrit dans le projet ministériel.

Comment peut-on soutenir que cette loi de 1832, ait voulu détruire le principe de dotation par l'État? C'est cependant ce qu'on lit dans tous les discours, dans tous les pamphlets de l'opposition ; et cela paraît assez difficile à comprendre.

2° Cette loi, après avoir déterminé le chiffre de la liste civile et désigné les biens de la Couronne, déclare, que dans le cas prévu, *l'État ajoutera des dota-*

tions pour les princes à cette liste civile ainsi constituée.

D'où vient donc que les trois quarts des déclamations aient pour objet de prétendre *que c'est l'impoi tance de cette liste civile de 1832 qui doit faire repousser la dotation.* En sorte que l'on prête aux » législateurs à peu près ce langage : Nous » avons dans la même loi constitué la liste » civile et créé l'art. 21, mais nous enten— » dons qu'on n'applique jamais l'art. 21, » parce que nous avons constitué la liste » civile.»

3° La loi ne pose qu'une question..... Pourquoi pose-t-on cent questions pour examiner le droit de dotation ?

4° Le législateur de 1837, après un examen sérieux et profond, a résolu en faveur de la Couronne la question de fait posée par l'art. 21 de la loi de 1832. — Je ne vois donc pas comment on pourrait manquer aux Chambres en venant invoquer leur propre jugement. Il est vrai qu'un vote contraire semble être intervenu en 1840 ; mais cela me paraît une raison de plus pour que les Chambres s'empressent aujourd'hui de vider ce partage et de choisir entre la décision libre et réfléchie de 1837 et le vote muet de 1840.

Ainsi la question qui nous occupe se trouverait résolue tout entière selon nous, dans le tableau que nous venons de présenter.

Mais hâtons nous, néanmoins de l'examiner nous-mêmes et de compléter ainsi l'étude que nous nous sommes proposée.

§ II.

La Dotation des Princes par l'État repose sur un principe aussi essentiel à l'intérêt général du pays qu'à celui de la Monarchie. Cette vérité prise en thèse ne paraît pas discutable. Elle a été reconnue par toutes les législations depuis 1790 jusqu'à 1830. C'est une conséquence nécessaire du principe d'hérédité ou plutôt c'est l'exécution de ce principe lui-même.

L'héridité n'existe en effet dans notre Gouvernement qu'à la charge, par les Princes de mériter l'amour et l'estime de la Nation. Si le droit en lui-même est absolu, son application n'est que relative. On peut dire en quelque sorte que la Monarchie française est moralement élective, car il faut toujours que l'héritier du trône soit élu d'avance dans le cœur du peuple ; c'est là désormais la seule base solide de tous les droits ; le demi-siècle qui s'écoule l'a suffisamment démontré.

Ainsi, notons comme première vérité bien élémentaire sans doute, mais néanmoins indispensable à rappeler ici, que l'affection nationale est pour nos princes une condition d'existence et d'avenir ; condition également impérieuse pour tous quelque soit leur nombre, car Dieu seul connaît celui qui doit un jour servir son pays comme Roi.

Proclamer l'hérédité, c'est donc vouloir accorder aux Princes tous les moyens nécessaires pour s'en rendre dignes. Ces deux volontés ne peuvent exister l'une sans l'autre; la première est le texte de la loi, la seconde en est la vie.

Eh bien ! n'est-il pas évident que ces moyens sont pour les fils du Roi dans un état conforme à leur grande et difficile mission ? Comment accompliraient-ils sans cela la tâche qui leur est imposée ? Les nobles qualités de l'âme et la vigueur de l'intelligence sont avant tout sans doute. — Sans cela, rien. — Mais modestes et solitaires dans l'intérieur du palais, toutes les vertus privées n'obtiendraient pas ces sympathies profondes, ce sentiment vif et général qu'on peut seul appeler l'amour de la Nation.

Le peuple veut voir ses Princes tra-
verser ses nombreuses cités, étudier partout ses besoins, visiter ces magnifiques
ateliers qui font sa fortune et sa gloire,
aller et venir à la tête de ses armées et
combattre au premier rang les ennemis
de la France.

Leurs mains doivent se montrer ten-
dues sans cesse vers le génie pour le faire
éclore, vers le malheur pour le secourir.

Le peuple veut entendre leur voix, les
voir au milieu de ses fêtes et sentir battre
leur cœur sous sa main. Il veut les voir
simples et bienveillants dans leurs ma-
nières, mais grands et magnifiques dans
leur représentation, tels que son imagination les rêve, dignes enfin de la ri-
chesse et de la puissance nationales, ré-
sumant en eux la majesté du trône et le
noble orgueil de la patrie. La France surtout a des instincts de grandeur et de
magnificence que le temps ne détruira

jamais. C'est une vérité bien souvent écrite, mais qu'on ne saurait que trop répéter. Les radicaux les plus absolus y sont soumis en dépit d'eux-mêmes. .

L'éclat de l'Empire a fait une partie de son prestige ; la simplicité ridicule du Directoire a contribué peut être autant que sa faiblesse au mépris qui l'a ren-versé. Oui, la France est monarchique par ses goûts comme par ses besoins et ses lois ; elle veut le respect et la dignité du trône ; il faut donc que les fils de son Roi puissent remplir dans toute leur étendue les obligations patriotiques qui leur sont imposées ; il faut qu'à défaut de fortune personnelle, l'État leur en fournisse les moyens , la sécurité de la Nation l'exige encore plus que celle du trône ; c'est une nécessité vitale qui tient à l'essence, à la racine même du Gouvernement monar-chique. En un mot, il faut que les Princes aient une position digne et convenable, comme il faut que le trône existe. Il est inutile d'insister plus longtemps sur l'évidence de ce principe.

Passons à la question véritablement sérieuse ; celle de savoir si la Couronne est dans le cas prévu par la loi pour en obtenir l'application.

§ III.

Je crois que pour comprendre ici le législateur, il ne faut que l'écouter avec calme et dans le silence de toute passion.

L'art. 21 de la loi du 2 mars 1832, n'a qu'un principe ; il est rationnel et simple ;

Lorsque le Roi peut doter lui-même ses enfants, il le doit ; dans le cas contraire cette obligation impérieuse passe à l'État.

Le Roi peut doter lui-même ses enfants, lorsqu'après avoir couvert les dépenses du trône et rempli toutes ses obligations comme Roi, il trouve encore

en sa possession des ressources libres et
suffisantes. En ce sens, l'expression de la
loi est on ne peut plus claire ; au delà des
dépenses et des obligations de la Couronne il n'existe en effet *que le domaine
privé*. Le législateur ne pouvait donc s'exprimer différemment. Encore une fois,
lorsque toutes les ressources dont la Couronne dispose excèdent ses besoins, cet
excédant doit servir à doter les Princes ;
dans ce cas, la loi oblige le Roi comme la
nature oblige le père.

Mais si l'ensemble de ces ressources ne
présente au contraire qu'insuffisance et
déficit, l'obligation du Roi cesse avec la
possibilité de la remplir, celle de l'État
commence ; tel est le sens de la loi, sa
volonté, son esprit, elle n'en a pas et ne
peut en avoir d'autres parce que le législateur n'a pu vouloir qu'une chose claire,
juste et possible.

J'entends dire *que l'article 21 ne dis-*

tingue pas entre le capital et le revenu,
que dès lors si le domaine privé présente
un capital suffisant il doit fournir aux
dotations des Princes, quelle que soit
d'ailleurs la position bonne ou mauvaise,
la ruine ou la prospérité du trésor de la
Couronne.

Ce n'est pas là faire, selon nous, une
objection sérieuse, mais c'est prêter à la
loi un sens absurde, inconciliable avec
ses dispositions les plus importantes :

La loi ne fait pas de distinction par
une raison fort simple; c'est qu'il était
inutile et même impossible d'en faire pour
n'exprimer qu'une idée évidente, unique,
équivalente à celle-ci : *Le Roi dotera les*
Princes lorsqu'il le pourra. Or c'est là
tout ce qu'on a voulu dire, pas autre
chose.

Au fond, pourquoi voulez vous que la
loi fasse taire au préjudice du Roi seul les
principes communs à tous les pères de

famille? Si d'un côté, vous vous efforcez de faire rentrer le souverain dans le droit commun, ne l'en faites pas du moins ressortir par l'autre extrémité; si vous ne le voulez pas au-dessus, ne le placez pas au-dessous; je conçois très-bien qu'un père de famille doive doter ses enfants sur le capital de sa fortune losqu'elle excède ses besoins, mais je voudrais que l'on me montra dans le monde un père de famille agissant ainsi lorsque ses revenus ne suffisent même pas à sa propre existence; le droit commun et l'usage universel lui en font-ils dans ce cas une obligation? S'il démontre avec clarté qu'au lieu d'un excédant, sa fortune présente un arriéré qui grandit chaque année, recherche-t-on qu'elle est, au capital, la valeur de son patrimoine pour savoir s'il doit néanmoins fournir des dots à sa famille? Mais je ne conçois pas, dirait-il avec raison, ou vous voulez en venir?...

votre calcul rendra-il possible ce que je vous démontre impossible? Effacera-t-il mon déficit? Me ferez-vous comprendre que je peux vivre avec une partie lorsque j'établis que cela m'est impossible avec le tout. Vos recherches sont donc inutiles, il s'agit de savoir si ce que j'avance est vrai, voilà tout.

Si l'on objecte que la liste civile met la Couronne dans une position exceptionnelle, et que selon la loi, le domaine privé doit rester libre et uniquement consacré à l'établissement des Princes, je réponds que ce raisonnement repose sur des faits complétement faux.

Où voit-on d'abord dans la loi de 1832, qu'elle n'ait destiné le domaine privé qu'à rester en possession de la Couronne pour la forme seulement, mais inactif, inutile pour elle, immuable et uniquement consacré à doter les Princes? cette loi dit précisément le contraire et dans les termes les plus formels : elle laisse au Roi son domaine privé avec toutes les conditions ordinaires de la propriété, avec toute l'étendue et la liberté de la possession naturelle.

Mais il y a mieux, si les Chambres de 1832 ont eu l'intention de modifier la position du Roi à l'égard de son domaine privé, c'est évidemment dans le sens inverse ; loin d'interdire au souverain la faculté de se servir des revenus de son domaine pour les besoins de la Couronne, elles lui en ont fait une obligation. Non-seulement elles n'ont pas entendu que la liste civile garantit et mit à l'écart le domaine privé, mais elles ont formellement voulu que ce domaine fut le complément de la liste civile ; elles ont compté sur les ressources de la fortune du Roi pour parfaire les revenus nécessaires à la Couronne, c'est une vérité historique, incontestable ; nous l'avons déjà démontrée ; elle résulte des rapports faits aux deux Chambres et de l'ensemble de la discussion ; les adversaires pourraient la contester moins que personne puisqu'elle fut le résultat de leur propre pensée ; ils faisaient alors tous leurs efforts pour faire réduire la liste civile au chiffre le plus minime et même à rien, en raison des valeurs immenses dont leur imagination composait le domaine privé. « *Un Roi bourgeois ri-* » *che de* 5 *millions de rente* , écrivait » alors **M.** Cornemin , *pourrait se passer* » *de liste civile.* »

Il n'est donc pas vrai que la liste civile ait placé le domaine privé dans une position exceptionnelle.

La Couronne du Roi n'a pas garanti la fortune du Prince , elle l'a détruite.

On ne peut priver le Roi des principes communs à tous les pères de famille parce qu'il est Roi, mais il a le droit de les invoquer d'autant plus qu'il est Roi.

Les revenus de son domaine lui sont non-seulement utiles mais indispensables.

Les employer au service de la Couronne est pour lui plus qu'un droit, c'est un devoir.

Si l'insuffisance des revenus est démontrée, ne dites pas au Roi de fournir des dots sur son capital puisque cela vous paraîtrait absurde pour vous-même.

Supposons enfin, que les Chambres eussent complétement adopté votre opinion et déclaré que le domaine privé devait tenir lieu de toute liste civile, eussiez-vous interprêté la loi de la même manière?... Evidemment oui, car les expressions, *insuffisance du domaine privé* n'auraient pas cessé pour cela d'être justes et rationnelles ; en sorte que, forcé de se conformer à vos décisions et de renoncer à tout son domaine pour le partager entre ses enfants, le Roi se serait trouvé un jour dans la nécessité de venir déclarer à la Nation qu'il ne possédait plus ni capital ni revenu ; à quoi les mêmes raisonneurs se seraient sans doute empressés de répondre : « *où il n'y a rien , le Roi perd ses droits. — Français ! c'est une question vidée, passons à d'autres.* »

N'est-il pas permis de cesser un moment d'être sérieux lorsqu'il faut répondre à des raisonnements qui ne le sont pas ?

Suivez votre interprétation de tous les côtés, elle ne vous conduira jamais qu'à des conséquences absurdes.

Revenons donc à la seule qui soit claire, juste , conciliable avec l'esprit, les motifs et les dispositions de la loi :

Les ressources dont la Couronne dispose sont-elles plus que suffisantes pour ses besoins ?... Voilà ce qu'il faut connaître.—Tout le reste est faux, et en dehors de la volonté du législateur.

Il n'est dès lors qu'un examen légal et

sérieux, c'est de savoir si la déclaration de la Couronne doit être crue et si le déficit qu'elle accuse existe réellement.

Or, la fâcheuse situation du Trésor de la Couronne est de notoriété publique ; c'est un fait que personne ne peut sérieusement contester. Les comptes produits en 1837, par M. de Montalivet, établissaient un déficit de plus de 8 millions, déduction faite des acquisitions nouvelles. Cet arriéré est aujourd'hui beaucoup plus considérable encore, et cela, avec l'ordre le plus irréprochable et la direction la plus habile. Cet état de choses est démontré d'ailleurs depuis plusieurs années par des actes nombreux de vente et d'emprunt, par des négociations anticipées, par les déclarations publiques d'une foule de tiers, et, bien au-dessus de tout cela, par les affirmations faites à la tribune au nom du Roi lui-même. Est-il besoin de demander aux hommes sincères si ce

sont là des éléments suffisants pour former une conviction?

Cependant on les repousse comme des
justifications sans valeur et sans force ;
on fait même plus, on les nie :

Nous n'admettons pas comme vrai ,
nous dit-on, ce prétendu déficit du Trésor
de la Couronne. Nous soutenons au contraire que cette situation est fausse ; que
ces dettes sont simulées et que tout cela
n'est qu'un jeu de comédie préparé pour
tromper le pays et les Chambres.

Certes, voilà des choses graves... Terribles mêmes... ou plutôt, parlons sérieusement, compter sur de pareils
moyens c'est avoir un profond mépris
pour le bon sens public ;

Quoi! vous avancez de telles accusa-
tions et votre affirmation doit me suffire
pour fouler aux pieds ce que tous les tribu-
naux du monde considéreraient comme
des preuves irréfragables : Une opinion

générale qu'aucune voix n'infirme excepté la vôtre, des actes publics importants et nombreux, les notaires qu'on peut consulter, les minutes que chacun peut lire, les tiers intéressés tout prêts à témoigner de la vérité, les affirmations des ministres reponsables, en un mot, les témoignages les plus élevés qui puissent justifier un fait, tout cela n'est rien, tout cela ne peut inspirer aucune confiance à la Nation parce que c'est son Roi qui l'invoque et que c'est vous qui le niez.

Oh ! grâce à Dieu, le sentiment public ne peut tomber dans un semblable délire. Il ne suffit pas d'un mot de votre bouche, de quelques déclamations passionnées pour me faire mettre mon mépris à la place de mon respect.

L'élévation du rang, l'importance des titres ne détruisent pas ma confiance, elles l'augmentent ; c'est un sentiment naturel reproduit dans toutes nos lois ; si vous parvenez à le détruire, peut être aurez-vous gagné votre cause, car la Société n'existera plus.

Si de grands fonctionnaires dont tous les partis reconnaissent la probité m'affirment un fait sous la haute garantie de leur honneur, je dois les croire et je les crois... il me faut autre chose que de l'esprit et des calomnies pour me faire penser que de tels hommes viennent mentir, se parjurer et trahir leur pays à la face du monde.

Lorsqu'un souverain comme celui que la France a le bonheur de posséder fait entendre sa voix et s'adresse à la Nation, ce n'est pas la méfiance qu'il inspire, c'est le respect, le dévouement, la confiance absolue, la foi.

Lorsqu'un tel Roi fait une déclaration du haut de son trône et vient avec une noble franchise demander l'exécution d'une loi pour ses enfants, je me sens pé-

nétré d'un respect plus grand, plus intime, plus confiant que jamais; alors surtout, je le déclare la main sur le cœur,
il me faudrait la voix de Dieu pour me
faire concevoir un doute.

Ce n'est pas du fanatisme, c'est du jugement ; les règles les plus simples de la
raison me justifient et vous condamnent;
votre méfiance naît de vos passions et ma
confiance de la nature des choses.

Vous savez très-bien d'ailleurs que les
communications que vous exigez sont
inutiles, injustes et outrageantes pour
la Couronne.

Inutiles.... car toutes les pièces que
pourrait produire le domaine privé n'é-
maneraient-elles pas de la même source?
Dites-moi clairement pourquoi vous leur
accorderiez plus d'autorité qu'aux affirmations que vous repoussez aujourd'hui ?
ne vous faudrait-il pas tout rejetter systématiquement comme vous le faites ou

finir à chaque production par un acte de confiance plus grand, plus absolu que celui qui vous est demandé ?

Injustes et outrageantes..... comment concevoir en effet que législateur ait voulu, dans des situations identiques, accorder la confiance la plus complète aux grands dignitaires de la Couronne et flétrir la Couronne elle-même par la méfiance la plus injurieuse.

Quoi ! si vous étiez chargés d'appliquer en même temps la loi de 1807 et celle de 1832, d'un côté, vous répondriez à d'anciens ministres : « Vous affir-
» mez que votre fortune est insuffisante,
» c'est assez... Nous déclarons vous accor-
» der les honorables secours que l'État
» doit à vos services — et, de l'autre, vous
» diriez à la Couronne... vous faites la
» même affirmation, mais nous refusons
» d'y croire et de l'admettre. Vous êtes
» aux yeux de la France en état de sus-

» picion légitime précisément parce que
» vous êtes le premier pouvoir. Nous vou-
» lons tout connaître, tout pénétrer,
» même vos affaires les plus intimes; il
» nous faut le bilan complet de votre
» situation ; c'est ainsi que la loi a voulu
» que vous fussiez traitée. »

Ces pensées révoltent... elles fatiguent par l'énormité de leur inconvenance, et cependant ce ne sont que les conséquences rigoureuses du système qu'on prétend soutenir.

Hâtons-nous donc de conclure que les objections de l'opposition sont sans justesse et sans force. Que certainement, pour quelques opinions existantes, il n'est pas de preuves possibles, mais que, pour les hommes qui veulent franchement la Monarchie et qui ne cherchent que la vérité, la Couronne fournit la preuve complète de l'insuffisance de ses ressources ; d'où il suit qu'elle a le droit de demander en faveur des Princes l'application de la loi de 1832.

Nous avons démontré plus haut les grands principes d'intérêt général qui forment la base principale du droit de Dotation, mais l'art. 21 paraît avoir eu encore un autre motif de justice et d'équité, qu'il est nécessaire de bien comprendre.

Beaucoup d'esprits pourront soutenir avec raison que les avantages de la Couronne ne doivent pas servir à faire la fortune des Princes, mais je demande qui pourrait prétendre que par l'avénement à la Couronne, les fils du Roi doivent perdre l'état de fortune qu'ils possédaient comme fils du Prince ?

C'est cependant ce qui se présente dans la position de la famille Royale :

Par la réunion de l'ancien apanage d'Orléans au domaine de la Couronne, les enfants du Roi se sont trouvés privés des dots et légitimes que leur assuraient l'ancien droit public et la loi de 1825.

Un des grands dessins de la loi de 1832 a donc été de réparer ce préjudice et d'établir en faveur de la famille Royale, une sorte de restitution de droit, une compensation aussi haute que légitime.

La France ne pouvait vouloir, comme le dit fort bien la note du 30 juin dernier, « *que la famille Royale ne conserva* » *pas sous la Monarchie constitutionnelle,* » *les droits et la situation qui étaient lé-* » *galement garantis à la famille du duc* . » *d'Orléans.* »

La Dotation puise donc dans ce nouveau motif un caractère encore plus obligatoire. Si le premier en fait un principe d'intérêt général, le second en fait une dette nationale, impérieuse et sacrée.

Ajoutons enfin, qu'au milieu des fils du Roi, M. le duc de Nemours occupe maintenant une position exceptionnelle qui lui a créé de nouveaux droits.

C'est en effet un principe incontesté, non-seulement en France mais dans toutes les Monarchies connues, que le Prince éventuellement appelé à l'exercice du Pouvoir souverain, a le droit d'obtenir un état conforme à ses hautes destinées.

Si la naissance établit le droit du Prince Royal, la loi crée celui du régent; les deux positions sont absolument identiques dans leurs conséquences; les mêmes obligations pèsent sur eux, les mêmes devoirs immenses les attendent, le pays leur doit les mêmes moyens pour s'y préparer.

On peut répondre à cela par du mauvais vouloir, mais non par des raisons sérieuses.

La France entière sait combien M. le duc de Nemours mérite à tous égards son affection la plus vive. Les hautes qualités

de ce Prince, le calme et la gravité de
son caractère, l'élévation de son esprit,
la maturité de son jugement sont pour
nous un nouveau bienfait de la Provi-
dence, un gage de sécurité pour l'avenir.

Les hommes bien pensants, quelle que
soit leur nuance politique, ne voudront
pas se rendre solidaires d'une grande in-
justice.

Le dévouement de la famille Royale
est au-dessus de toutes les épreuves, elle
l'a suffisamment prouvé; pourquoi le pays
répondrait-il à son dévouement et à son
amour par des témoignages publics de
froideur et d'ingratitude?

Tout doit donc porter les Chambres à
reconnaître à la Couronne un droit nécessaire à tant de titres, à calmer les in-
quiétudes des hommes d'ordre et de conservation.

Jamais, il faut le redire encore, la

question de la Monarchie ne fut posée en termes plus pressants.

Ses ennemis se préparent à la lutte dans la position formidable et menaçante que leur a faite le vote funeste de 1840.

Ils ne manqueront pas de jetter encore dans la discussion ce grand mot d'économie qu'ils font raisonner avec tant d'éclat.

Mais l'expérience du passé serait-elle donc perdue ?... L'exagération de leurs cris n'en démontre-t-elle pas toujours la fausseté ?

Si l'économie est une considération puissante et de premier ordre lorsqu'elle est opportune, juste et vraie, n'est-il pas évident que son nom n'est ici qu'un prétexte perfide et mensonger que la moindre réflexion vient confondre ?

Quoi ! des trésors immenses doivent couler sans réserve... Tout est bien pour les avantages extérieurs du pays... tout serait mal pour assurer son principe d'ordre et de vie...

Il faut consacrer des centaines de millions à l'établissement de l'édifice, c'est un devoir... mais accorder quelques parcelles d'or pour consolider sa base, ce serait un crime !...

Telles sont cependant la force, la vérité, la bonne foi de leur langage !.. Tel est le sérieux de leurs déclamations.

Ils osent encore invoquer comme leur moyen le plus puissant, le grand nom du sentiment national dont ils se prétendent l'expression pure et fidèle.

Ce serait un malheur immense, irréparable peut-être, si de pareilles clameurs pouvaient réussir encore.

La véritable opinion publique n'est pas injurieuse et menaçante ; elle a les yeux tournés vers les mandataires du pays pour leur demander sa lumière et son guide. Ce sont les hésitations et les faiblesses de la majorité qui pourraient la troubler et la compromettre. Il faut une décision énergique et prompte pour la rassurer, la conduire, l'arracher aux piéges semés sous ses pas.

Non, non, la voix du sentiment national n'est pas celle qu'on fait entendre: ce n'est pas cette voix violente et passionnée, sans respect pour la vérité, sans reconnaissance et sans justice. La France veut, avant tout, que son nom soit honoré par la franche exécution de ses promesses ; elle repousse ces subtilités créées et soutenues pour éluder des principes clairs, conservateurs et sacrés ; elle ne comprend pas que juste envers tout le monde , un pays puisse être injuste envers ses Princes , surtout lorsqu'ils ressemblent aux siens.

Ses Princes !... nobles et généreux enfants qu'elle adopte à jamais !..... Qui pourrait donc ne pas admirer leurs efforts sublimes, leur dévouement infatigable pour bien mériter de la Patrie ?... Quel Français n'éprouve d'heureux et fiers pressentiments en songeant aux belles qualités qui les distinguent, aux nobles faits d'armes qui honorent déjà leurs jeunes épées ?... L'Europe les contemple, les suit et nous les envie, les plus grands ennemis du trône leur rendent une éclatante justice... qu'ils continuent et que rien ne les afflige... ils ont l'estime du monde et l'amour vrai de la Nation.

FIN.

Imprimerie Ph. Cordier, rue du Ponceau. 24.